J. MARINIER

A

SES CONCITOYENS

D'ORSAY

(Seine-et-Oise)

PARIS

IMPRIMERIE V. FILLION ET C^E

RUE DES MARTYRS, 18 ET 18 BIS

—

1878

J. MARINIER

AUX ÉLECTEURS ET HABITANTS

DE LA COMMUNE D'ORSAY

(Seine-et-Oise)

MESSIEURS ET CHERS CONCITOYENS,

Le nouveau Conseil municipal, élu le 13 janvier dernier, a cru devoir m'enlever la direction de vos affaires, en appelant à ma place un nouveau Maire le 21 janvier 1878. Je respecte la loi qui lui donne ce pouvoir, mais il est de mon devoir, au début de la nouvelle période *administrative-politique* qui vient de s'ouvrir de vous exposer sommairement la situation dans laquelle je laisse l'Administration communale et ce qu'a fait votre ancien Conseil municipal que j'ai eu l'honneur de diriger depuis bientôt sept ans. Beaucoup d'entre vous m'ont déja donné des témoignages de reconnaissance, sachant que c'est par dévouement que l'on accepte les fonctions publiques quand on a la confiance de ses concitoyens.

Après la guerre, en septembre 1871, deux Maires venaient de donner successivement leur démission, au bout de quelques mois d'exercice chacun ! Personne dans le Conseil municipal ne voulait accepter leur succession pour cette fonction embarrassante et onéreuse au lendemain de nos désastres.

Sans m'y attendre et sans aucune préparation, cette lourde charge me fut proposée en séance à l'ancienne mairie. J'acceptai, tout en sachant, par une expérience de vingt années déjà comme membre dans les Commissions administratives de bienfaisance et d'hospice, les déboires et les ingratitudes qui devaient m'être réservés un jour.

Je ne croyais pas, cependant, que mes prévisions seraient aussitôt réalisées, surtout après une seconde réélection à l'unanimité des suffrages et, trois ans plus tard, après avoir obtenu une majorité de 211 voix le 6 janvier dernier, malgré les manœuvres tramées contre moi et mes anciens collègues, dans le but de satisfaire l'ambition particulière de quelques-uns et au mépris de bien des convenances.

Il a fallu, comme me l'a dit publiquement un électeur après le dépouillement du premier scrutin du 6, que je sois profondément enraciné dans le cœur des habitants d'Orsay pour avoir résisté à ce complot et passer, malgré tout, troisième Conseiller sur la liste.

J'ai pris en 1871 l'engagement d'honneur de remplir mon mandat au mieux des intérêts de tous mes administrés : la nomenclature des améliorations successivement accomplies, que je vais vous rappeler, vous donnera la preuve que j'ai tenu mes promesses, quoi que l'on ne m'ait pas demandé alors un engagement écrit, comme l'obligation en a été faite à tous ceux qui sont actuellement chargés de défendre vos intérêts et vos libertés.

Je profite de cette circonstance pour adresser mes remerciements bien sincères à mes anciens collègues pour le concours bienveillant qu'ils m'ont prêté, par leur union, dans le but de conserver les bons principes sociaux, en approuvant mes démarches multipliées auprès de l'Administration préfectorale et supérieure, ainsi qu'auprès des habitants, afin d'arriver à payer les 74,000 fr.

de la dette allemande (impôts d'argent et réquisitions), et environ 125,000 francs les années suivantes, sur l'ensemble de nos autres dépenses de constructions, créations et améliorations, des chemins, des eaux, etc.

Il ne reste plus à pourvoir qu'à un reste de 18,000 francs dus a M. Dinauceau François, entrepreneur de maçonnerie.

Vous pouvez juger quelles ressources il m'a fallu chercher, en dehors de celles si restreintes de la Commune, pour satisfaire une aussi grosse dette sans augmenter vos impôts, qui sont restés de 42 centimes et une journée de prestations, tandis que la plupart des communes qui n'ont pas nos installations, paient un chiffre supérieur qui s'élève jusqu'à 126 centîmes, comme à Palaiseau, et de plus ont trois journées de prestations.

J'ajoute quelques lignes seulement sur la question politique ; là encore je crois avoir fait mon devoir : nommé délégué sénatorial, j'ai défendu la cause et les intérêts de mon pays, en votant pour des hommes tels que M. Gilbert-Boucher, président de notre Conseil général de Seine-et-Oise, qui nous a rendu un service signalé en plaidant en faveur de ma demande, rejetée par le Conseil départemental et gagnée par lui, pour obtenir le secours d'indemnité de 10.000 francs !

J'ai sacrifié ma popularité en n'assistant pas aux réunions privées ou publiques, mais j'ai défendu les intérêts de la Commune, en restant sur la brèche faite à l'administration.

PARAGRAPHE PREMIER

Paiement de la dette allemande.

Le premier résultat de mon administration fut donc de pouvoir payer, sans aucun emprunt, la dette allemande de 74,000 francs.

PARAGRAPHE II

Construction de la nouvelle Mairie et des Ecoles.

Je proposai immédiatement après au Conseil municipal là Construction de la nouvelle Mairie et des deux Ecoles, en remplacement des anciens immeubles communaux impraticables depuis bien des années. Mes plans ont été adoptés et la construction ne tarda pas à s'élever; vous avez assisté à la pose de la première pierre, et la grande fête musicale du concours d'orphéons a gravé dans notre mémoire l'inauguration du monument. La gracieuse façade, la disposition des différents services, la salle des Pas-Perdus du rez-de-chaussée, les préaux et la gymnastique constituent un ensemble dont je serai toujours fier d'avoir été le créateur, car il a déjà été pris comme type par plusieurs visiteurs de différentes communes, et il le sera encore par la suite.

PARAGRAPHE III

Fontaine publique et nouveau Lavoir.

Sur le terrain du côté nord de l'hospice, la Commune avait droit de passage pour aller à une fontaine et à un lavoir dans le pré contigu; je proposai à la Commission hospitalière, qui accepta, l'affranchissement de cette servitude pour avoir le droit de se clore et de faire sur cet emplacement un promenoir pour les vieillards, à la condition de reporter, à ses frais, sur le terrain communal, une autre fontaine publique, celle du boulevard actuel, qui fournit environ cinquante litres à la minute, jour et nuit. Comme complément de ce travail, on établit dans toute la longueur des bâtiments et du potager un caniveau collecteur pour recevoir isolément les bains sulfureux et autres, ainsi que les eaux ménagères et corrompues, descendant par neuf chutes au-dessus des sources qui alimentaient alors les fontaines et le lavoir.

Tous les éléments infectes et morbides, isolés aujourd'hui de tout contact avec l'eau des sources, se sont mélangés à celles-ci pendant de longues années ; les habitants d'Orsay, le personnel de l'hospice et les malades en buvaient : aussi n'est-il pas douteux qu'elles aient engendré des maladies graves, dont les causes sont restées iuconnues.

Un nouveau lavoir a été construit, à l'abri des inondations de la rivière et des glaces d'hiver.

PARAGRAPHE IV

Chemins.

Six chemins ont été améliorés, créés ou classés : le boulevard de la Gare entièrement repavé en face celle-ci.

PARAGRAPHE V

ciété des Eaux d'Orsay.

La création d'une *Société des Eaux,* pour remplacer celles des puits plus ou moins calcaires et dûres, comme on dit vulgairement, cause d'une terrible maladie connue sous le nom de gravelle, indiquée par les rapports médicaux.

A la suite d'études et de sondages du terrain des Hucheries, j'ai constaté la possibilité de pouvoir doter tout le haut pays d'une eau potable et douce, d'un goût frais et agréable. Un travail bien compris, me permit d'obtenir vingt-cinq litres à la minute, pour suffir largement aux besoins des habitants, sans préjudice de quatre mille litres accordés gratuitement à la commune, tous les jours, pour les lavages des ruisseaux, des rues et des chaussées.

L'établissement d'un réservoir, d'une contenance de quarante mille litres, permet, par sa pression, en cas d'incendie, de porter secours instantanément dans tous les quartiers ; tandis qu'avant, les ravages du feu ne pouvant être conjurés, les habitants étaient condamnés à voir brûler leurs maisons, faute de secours suffisants.

PARAGRAPHE VI

Finances et divers.

Enfin l'amélioration financière de la Société de secours mutuels, qui se trouve aujourd'hui dans une excellente position. — La création d'un cantonnier urbain pour les chemins et les promenades, le curage des lavoirs, les publications, l'affichage, l'éclairage, etc.

La répartition plus équitable des revenus provenant de l'hospice, appliqués à l'instruction primaire, la création de quatre nouveaux lits dans le dit hospice, ce qui en porte le nombre à vingt au lieu de seize.—La réorganisation de la compagnie des sapeurs-pompiers, etc...

Mes rapports avec l'administration de l'église ont toujours été excellents ; j'ai ouvert une souscription, presqu'aussitôt couverte, pour élever un monument funéraire à la mémoire de notre vénérable ami, l'abbé Veniel.

J'ai accepté d'être parrain de vos cloches, dont le tintement appelle à la prière, à l'heure du travail matinal et au repos du soir.

En agissant ainsi, j'ai voulu donner l'exemple à ceux qui n'ont pas de Religion, lien de toute Société, et si l'acceptation des charges publiques peut les ramener vers elle, j'aurai un mérite de plus, celui d'avoir servi Dieu en servant les hommes.

La réalisation de tous ces projets, sans augmenter les impôts précédents, a été la cause incessante de mes préoccupations depuis 1871, et maintenant que toutes ces améliorations, tant désirées par la population, depuis de longues années , sont accomplies, je pense avoir mieux servi mon pays, en agissant ainsi, qu'en faisant des discours politiques, dont les résultats sont plutôt de faire naître les mauvaises passions, en exaltant les sentiments de l'homme et en divisant les opinions, au lieu de les rapprocher dans un bon esprit de conciliation et de morale.

Agréez, Messieurs et chers concitoyens, l'expression de mes sentiments, toujours affectueux et dévoués.

Votre ancien maire.

J. MARINIER.

Paris. — Imp. V. Filliou et Cⁱᵉ, rue des Martyrs, 18 et 18 bis.